# MÉMOIRES

D'UN

## EX-FONCTIONNAIRE CONFIDENTIEL DU MINISTÈRE
## DE L'INTÉRIEUR

SUR LE

## PERSONNEL GOUVERNEMENTAL

DE LA

## RÉPUBLIQUE

## DEUXIÈME LIVRAISON

### PRIX DE LA LIVRAISON
### SOIXANTE-QUINZE CENTIMES



IMPRIMERIE WERTHEIMER, LEA ET CIE., CIRCUS PLACE, LONDON WALL, LONDRES.

## PAR ABONNEMENT

12 Livraisons ...  ...  ...  ...  ...  ...  **10** francs
24 Livraisons ...  ...  ...  ...  ...  ...  **18** „

Adresser tous mandats à MM. WERTHEIMER, LEA ET CIE, CIRCUS PLACE, LONDON WALL, LONDRES.

---

DÉPOT CENTRAL, A PARIS:

CHEZ M. PÉNIN, 146, RUE MONTMARTRE

A LONDRES:

CHEZ PETITJEAN, LIBRAIRE, 39, OLD COMPTON STREET, W.

# MÉMOIRES

D'UN

## EX-FONCTIONNAIRE CONFIDENTIEL DU MINISTÈRE DE L'INTERIEUR

SUR LE

## PERSONNEL GOUVERNEMENTAL DE LA RÉPUBLIQUE

No. 2.     26 FÉVRIER 1886     VOL. I.

TABLE DES MATIÈRES

| | PAGE | | | PAGE |
|---|---|---|---|---|
| Waldeck-Rousseau (*Suite*). ... ... | 21 | L'ex-communard X... B... ... ... | 32 |
| Une entrevue avec M. Ribot. ... ... | ,, | L'influence des Fonds Secrets. ... ... | ,, |
| Le journal le *Crédit Républicain*. ... ... | ,, | L'ex-policier Andrieux. ... ... ... | 38 |

## WALDECK-ROUSSEAU

### (*Suite.*)

Ainsi que je l'ai dit en commençant, c'est le 16 novembre 1881 que je fus reçu, pour la première fois, par ce ministricule.

En me voyant entrer dans son cabinet, Waldeck daigna se lever et me désigner de la main un fauteuil, dans lequel je m'empressai de m'asseoir.

Ce pleutre, qui devait plus tard me traiter avec tant d'injustice, et me faire mesurer avec impunité et à mes dépens, toute l'étendue de sa malveillance et de son injuste ressentiment, voulut bien me dire, en s'efforçant de sourire, et après avoir atténué, autant qu'il était en son pouvoir, la dureté de sa physionomie, qu'en raison des chaleureuses recommandations qu'il avait reçues à mon égard de son prédécesseur, M. Constans, il désirait vivement me voir continuer les fonctions que je remplissais depuis si longtemps à l'hôtel Beauvau, en ajoutant qu'il me recevrait avec empressement chaque fois que je lui demanderais une audience, et que je pouvais compter en toute circonstance sur son bienveillant accueil.

Après avoir reçu ces gracieuses assurances, je me levai pour me retirer, et Waldeck-Rousseau, quittant son fauteuil, voulut bien, à ma très grande surprise, m'accompagner jusqu'à la porte de son cabinet, ce que n'avait jamais fait le parfumé Constans.

Pourquoi ne le dirais-je pas ? Cette première entrevue avec le nouveau ministre m'impressionna d'autant plus agréablement, que j'avais été loin de m'attendre de sa part à une réception aussi polie et aussi encourageante.

Aussi, loin d'en emporter l'opinion défavorable que m'avait laissée, ainsi que je le raconte ailleurs, ma première conversation avec son incivil prédécesseur, je quittai M. Waldeck-Rousseau avec l'idée qu'il était un homme bien élevé, possédant, malgré sa froideur apparente, des manières agréables, et assez bien doué pour pouvoir faire preuve de tact et de bon ton envers ses subordonnés.

Je m'étais profondément trompé...

Cet homme, en composant ainsi son maintien, n'avait voulu que séduire ma crédulité, en imposer à ma confiance, et stimuler mon dévoûment dont il pensait avoir besoin. En un mot, en m'accueillant avec faveur, il avait tout simplement fait acte *d'opportunisme*.

Mais n'anticipons pas.

Le lendemain de ce jour mémorable, 17 novembre, je me rendis vers cinq heures à l'hôtel Beauvau, et fis passser mon nom au ministre qui me reçut sur-le-champ.

Je le trouvai moins ouvert que la veille, et il me sembla, dès le premier abord, que certaines préoccupations obsédaient son esprit. Mais, ainsi que je pus m'en rendre compte plus tard, Waldeck, regrettant, sans doute, l'excès de bienveillance qu'il m'avait témoignée à notre premier entretien, avait tout simplement repris le masque de dignité exagérée et d'autoritarisme insolent par lequel il sait si bien transformer sa physionomie, pour en imposer à ceux qui se trouvent placés sous sa férule administrative.

Toutefois, il voulut bien encore me montrer un siège qui se trouvait à la portée de sa main, et me demander, sans trop de brusquerie, quelles étaient les nouvelles que je lui apportais.

Je lui dis alors que, le matin même, j'avais eu l'honneur de voir M. Batbie, et que ce sénateur monarchique m'avait déclaré, avec la franchise spirituelle qui le caractérise, que le ministère de M. Gambetta, qui comprenait des nullités comme Allain-Targé, Gougeard et Devès, et des personnalités aussi peu marquantes que Rouvier, n'en aurait pas pour six mois, et que sa chute serait d'autant plus prochaine que la plupart des femmes des membres du nouveau cabinet n'étaient pas faites pour lui donner un grand prestige et pour lui attirer les sympathies et les attentions du corps diplomatique européen.

J'ajoutai que l'honorable sénateur du Gers m'avait annoncé que le ministère serait très vivement attaqué au Sénat par MM. Buffet et de Broglie, au sujet des crédits tunisiens, et peut-être même par M. de St-Vallier, qui avait hautement déclaré ne vouloir en aucun cas servir le grand chef opportuniste.

Waldeck, qui m'avait écouté sans sourciller, et sans que son visage eût trahi la moindre impression, me dit alors qu'il n'était point surpris des sarcasmes de M. Batbie, à qui je pourrais affirmer, si je le revoyais, que le cabinet gambettiste aurait, aux yeux de l'Europe, au moins autant de prestige que celui dont il avait fait lui-même partie, comme ministre des Beaux-Arts ; que, d'ailleurs, il n'avait aucun souci des attaques des Buffet, des de Broglie, voire des Jules Simon, pas plus que de l'hostilité de l'ambitieux St-Vallier; et que, de plus, la Droite recevrait, aux élections sénatoriales du mois de janvier 1882, un échec tel qu'elle n'aurait *plus qu'à rentrer sous terre* (sic).

Puis, changeant tout à coup la conversation, il me demanda quelles étaient les dames V... et D..., que lui avait recommandées M. Constans, et si leur services pouvaient lui être utiles.

Je lui exposai alors le rôle que chacune de ces agentes avait rempli ou avait été censée remplir sous le ministère de son prédécesseur, en me mettant à sa disposition pour les lui présenter quand il le jugerait convenable et nécessaire.

— Présentez-les moi demain à six heures, me dit alors brusquement le ministre, comme si une idée instantanée avait tout à coup surgi dans son esprit ; puis, se levant, il me congédia, mais sans m'accompagner cette fois jusqu'à la porte, et en se contentant de me saluer de de la main.

Comme on doit bien le penser, je m'empressai d'informer Mmes V... et D... que le nouveau ministre désirait les voir le lendemain, en leur donnant à entendre qu'il avait l'intention de les réintégrer dans le service que leur avait confié M. Constans.

Mais comme ces dames ne se connaissaient pas, qu'elles ne s'étaient même jamais rencontrées, ni au ministère ni ailleurs, je pensai qu'il était préférable de leur fixer un rendez-vous à des heures différentes, et j'écrivis à Mme V... de venir à l'Hôtel Beauvau à cinq heures, et à Mme D..., de ne s'y rendre qu'à six heures, ce dont je prévins par un mot M. Waldeck-Rousseau.

Donc, le 18 novembre, à cinq heures, j'étais au ministère de l'Intérieur, où je trouvai Mme V..., qui m'attendait depuis vingt minutes, et qui, bien entendu, m'adressa une foule de questions auxquelles, toutefois, je n'eus pas le temps de répondre, l'huissier de service, qui en avait sans doute reçu l'ordre, s'étant empressé de m'annoncer à l'émaillé Waldeck.

Quelques instants après, j'entrais avec Mme V... dans le cabinet ministériel.

Là, sans aucun préambule, sans ménagement aucun, le ministre apostropha cette très aimable personne en lui demandant assez sèchement si elle était toujours en mesure de rendre au gouvernement les services qu'elle avait rendus à M. Constans, c'est-à-dire si elle pouvait de nouveau surprendre habilement, par M. F... ou par tout autre intermédiaire, et lui communiquer sur-le-champ les manœuvres secrètes de l'Elysée, et surtout les agissements anti-opportunistes de M. Wilson.

— Je sais, lui dit-il, que M. Gambetta n'est pas en odeur de sainteté au palais présidentiel, et que M. Wilson, qui le déteste, intrigue pour provoquer le renversement du ministère, ou du moins pour lui susciter les plus grands embarras ; il faudra donc que vous me teniez au courant, autant que possible, de tout ce qui pourra se dire, se passer et s'ourdir à l'Élysée, tout en surveillant, d'autre part, le monde royaliste, avec lequel, d'après mon prédécesseur, vous êtes dans les meilleurs rapports. A ces conditions, vous continuerez à toucher deux mille francs par mois sur les fonds secrets du ministère.

Mme V... promit d'agir de son mieux, conformément aux désirs du ministre, et se retira sans que le Rousseau daignât se lever ni même la saluer... Pour ce rustre, elle n'était plus une femme à qui l'on devait des égards, mais tout simplement une agente qu'on payait, et envers qui l'on devait s'abstenir des marques de la plus simple politesse !

Je sortis moi-même peu d'instants après elle, afin de pouvoir me trouver dans l'antichambre ministérielle au moment de l'arrivée de Mme D...

Celle-ci ne tarda pas à venir, et, à dix heures précises, je l'introduisais auprès du ministre, après lui avoir indiqué la réserve dans laquelle elle devait se maintenir.

Waldeck examina rapidement, des pieds à la tête, la jeune femme, qui lui produisit sans doute une impression favorable, car il alla jusqu'à desserrer ses lèvres et à l'accueillir avec un sourire qu'il n'avait point accordé à Mme V...

— Madame, lui dit-il, M. Constans, qui vous a très chaleureusement recommandée à ma bienveillance, m'a fait aussi connaître (le menteur) que vous lui aviez souvent fourni des renseignements précieux sur les agissements des intransigeants, et spécialement sur les menées révolutionnaires de M. Henri Rochefort. Or, comme je désire que vous puissiez me rendre les mêmes services, je vous ai fait appeler auprès de moi pour vous demander s'il vous convient de conserver l'emploi spécial que vous avez rempli jusqu'ici au Ministère de l'Intérieur.

Mme D..., qui n'avait jamais recueilli ni communiqué aucune information, et qui, ainsi qu'on le verra dans le chapitre que je lui ai consacré, avait pu, par faveur spéciale, s'abstenir à peu près complètement de rendre à M. Constans des services policiers, Mme D..., dis-je, ne s'empressa pas moins de répondre qu'elle ne demandait pas mieux que de rester l'agente du gouvernement, et d'assurer le Waldeck qu'elle ferait tout son possible pour découvrir et lui rapporter les agissements occultes du redoutable rédacteur en chef de l'*Intransigeant*.

Quant à moi, malgré l'expérience que j'en avais déjà faite, je restai abasourdi devant l'assurance et l'audacieux toupet de la charmante demi-mondaine.

Le ministre voulut bien la remercier de son dévoûment à la *chose publique*, et après l'avoir gratifiée d'un nouveau sourire, il la congédia, en lui disant qu'elle continuerait à toucher mille francs par mois.

Je sortis avec elle, et, comme je l'accompagnais à travers l'anti

:hambre, elle me dit, avec cette malignité spirituelle qui la caractérise
. un si haut degré :

— Hein ! l'ai-je roulée cette figure de singe mal léché ! quel ours !
Ce n'est pas un ministre, ça, c'est un cadavre ! S'il pense que je vais
lui fournir des renseignements, il se fait d'étranges illusions ! En voilà
un qui n'a pas inventé la grâce ni la galanterie ! Vrai, malgré son
mauvais ton et sa trivialité, j'aimais encore mieux Constans ! ! !

Après avoir reçu pour le Waldeck cette avalanche de sarcasmes,
je serrai la main à Mme D... et la quittai en lui recommandant d'être
prudente, de ne pas trop parler, et de fournir surtout quelques rapports
au ministre, afin de pouvoir conserver ses appointements.

Après son départ, je rentrai chez le ministre pour lui rendre compte
d'une conversation importante que j'avais eue dans la journée avec
M. de F... au sujet de l'élection d'un sénateur inamovible, qui devait
avoir lieu le lendemain à la chambre haute, et relativement à la situation du nouveau ministère devant le parlement.

Je dis donc à Waldeck-Rousseau que, d'après l'honorable ancien
ministre du 16 mai, l'élection du candidat gouvernemental, le sieur
Hérold, préfet de la Seine, était loin d'être certaine, et que tout faisait
prévoir au contraire que M. Voisins-Lavernière, candidat du Centre
Gauche, pour qui toutes les Droites avaient résolu de voter comme un
seul homme, serait très probablement élu.

Je lui communiquai aussi que MM. de Broglie et Buffet se dis-
posaient à demander certaines explications au Gouvernement, au sujet
des crédits qu'il allait demander, et que M. de F... pensait que
M. Gambetta recevrait une rude atteinte dans cette première escar-
mouche parlementaire.

Enfin, avec l'intention de lui être désagréable, je ne négligeai
point de lui dire que, d'après l'opinion de la plupart des membres du
Parlement, que j'avais eu l'honneur de voir, le Cabinet serait renversé
avant six mois. Mais je me gardai bien d'ajouter qu'un haut personnage, très lié avec M. Wilson, était allé jusqu'à qualifier le Grand
Ministère de Cabinet Neptunien. Or, je laisse au lecteur le soin de
rechercher quelles étaient les personnalités qui faisaient attribuer cette
étrange désignation au ministère présidé par M. Gambetta.

Le ministre, tout en se montrant assez ému de ces communications,
me déclara cependant que M. Hérold serait élu malgré la coalition des
Droites avec le Centre Gauche et les intrigues de M. Jules Simon, en
ajoutant que le pronostic de M. de F..., à l'égard de la durée du
Cabinet, ne l'inquiétait guère, attendu que le président du Conseil était
assez fort pour surmonter tous les obstacles, et pour se maintenir au
pouvoir aussi longtemps qu'il voudrait en dépit de toutes les coa-
litions...

Waldeck-Rousseau m'affirma que le danger pour l'opportunisme
n'était point du côté des Droites ni des Républicains modérés, mais
bien à l'Elysée, où M. Wilson, ennemi personnel de Gambetta, ne

cesserait de porter M. le Président de la République à créer des diffi
cultés qui pourraient nuire à la marche des affaires, si le ministèr
n'avait dans le Parlement une majorité aussi compacte que fidèl
dont l'appui et le concours ne lui feraient pas défaut.

Le jeune et très présomptueux ministre, on le voit, se faisait d'é
tranges illusions sur la durée du ministère, et sur les dispositions de l
majorité.

Toutefois, en me congédiant, il me recommanda de faire minu
tieusement surveiller le gendre de M. Grévy par Mme V..., et me pri
de voir moi-même M. Ribot, qui avait l'intention d'adresser au pré
sident du Conseil une question au sujet de la politique générale, afi
de savoir quelles étaient réellement ses intentions et celles de ses amis
à l'égard du Cabinet.

Le 21 novembre je revis de nouveau Waldeck. J'entrai dans so
cabinet au moment même où en sortait Mme V...

Sans me permettre de dire un seul mot, le ministre, dont toute l
physionomie exprimait une sourde colère que sa volonté seule empê
chait d'éclater, me dénonça cette agente comme étant absolumen
incapable, en ajoutant que, si elle ne lui apportait pas d'autre
rapports que celui qu'elle venait de lui communiquer, il ne tarderai
pas de lui retirer ses fonctions.

— Je sais, me dit-il, que M. Wilson s'agite et qu'il intrigue, e
cependant Mme V..., qui a ses entrées à l'Elysée, qui, dit-elle dans tou
les cas, peut voir M. F... à son gré, n'a rien pu me dire des menée
du gendre du président de la République. A quoi cette femme pourra
t-elle donc me servir si elle ne me renseigne point sur les agissement
de la cabale parlementaire qui cherche déjà, grâce au concour
occulte du chef de l'Etat, à préparer la chute du Cabinet. Il fau
aviser à cela, M. d'A..., stimuler le zèle de Mme V..., et bien lui fair
comprendre que, si elle veut conserver son emploi, il est absolumen
nécessaire qu'elle me mette au courant de tout ce qui se passe à
la présidence.

Je lui promis, naturellement, de voir Mme V..., et de lui in
timer de sa part l'ordre de ne négliger aucune circonstance pou
remplir le rôle spécial qu'il lui avait confié, c'est-à-dire la mission
de moucharder le plus strictement possible M. Wilson, voire son
beau-père lui-même, M. Jules Grévy.

*  *  *

Le lendemain, 22 novembre, pour me conformer aux instructions
que j'avais reçues, je me rendis à la rue de Turin, chez M. Ribot, qui vou
lut bien me recevoir avec autant d'empressement que de gracieuseté.

Répondant aux questions que je pris la liberté de lui adresser,
l'honorable député du Pas-de-Calais me déclara qu'en se disposant à
questionner M. Gambetta sur les intentions du gouvernement à
l'égard de la politique générale, il ne voulait ni tendre une perche au

président du Conseil ni faire acte d'opposition systématique. Il désirait tout simplement obliger Gambetta à expliquer complètement le programme qu'il avait lu à la tribune, que le Parlement avait généralement accueilli avec déférence et sur lequel il était nécessaire de faire disparaître toute équivoque.

— Le Ministère, tel qu'il est composé, ajouta M. Ribot, est loin d'avoir mes sympathies. La présence de M. Rouvier au Commerce, de M. Allain-Targé aux Finances, et de M. Paul Bert aux Cultes, ne peut inspirer aucune confiance aux hommes politiques sérieux, ni gagner des adhésions au gouvernement. Toutefois, mes amis et moi, nous voterons avec lui quand il proposera des lois libérales qui ne s'écarteront pas du programme des républicains modérés ; mais nous serons intraitables quand ces mesures seront radicales ou autoritaires.

M. Ribot me dit ensuite que le Cabinet, en révoquant M. Denormandie et en le remplaçant à la Banque de France par M. Magnin, avait indisposé une grande partie du Sénat et une fraction importante de la Chambre, ce qui était un mauvais début, et qu'il lui aurait certainement demandé compte à la tribune de cet acte injustifiable s'il n'en avait été empêché par ses amis et par les commentaires anticipés de certains journaux.

L'honorable député, comme M. de F..., estimait, d'ailleurs, que le Ministère n'avait pas devant lui une grande existence et que les vacances inattendues que le Parlement allait prendre, de sa propre initiative, ne pourraient que lui être nuisibles, attendu que, livré ainsi à lui-même, sans programme bien défini, sans idées bien arrêtées, il commettrait sûrement de grosses bévues dont les Chambres se verraient obligées de lui demander compte au nom du pays.

Dans sa pensée, le parti modéré devait donc le laisser à l'œuvre pendant quelques semaines, lui permettre de donner toute la mesure de son incapacité, et avoir une attitude expectante jusqu'au moment, peu éloigné, d'ailleurs, où il deviendrait nécessaire de le renverser.

Comme je l'avais prié de me dire ce qu'il augurait de l'attitude de M. Wilson, relativement aux crédits tunisiens, M. Ribot me répondit que cette attitude était très étrange chez un ancien membre du gouvernement, et ajouta que si M. Gambetta n'y prenait garde, le gendre de M. Grévy formerait bientôt autour de lui un groupe avec lequel il lui faudrait compter.

Le 24, à dix heures du matin, j'étais à l'hôtel Beauvau, et je m'empressais de faire passer mon nom au ministre, qui ne tardait pas à me recevoir.

Je communiquai, à peu près mot pour mot, à Waldeck, la conversation que j'avais eue la veille avec l'ex-sous-secrétaire d'Etat à la Justice, et, après m'avoir écouté avec la plus grande attention, mais non sans éclairer de temps en temps par un sourire sarcastique la sombre impassibilité de son regard, voici, textuellement, ce que me dit ce goujat:

" On annonce que M. Ribot a renoncé à la question qu'il devait adresser au président du Conseil... Ce député fantôme est réellement bien bon pour lui-même, en évitant de se faire étriller à la tribune par M. Gambetta... Le Cabinet aurait désiré que cet ex-mameluck du réactionnaire Dufaure, que ce *très grand-prêtre* de la République soi-disant modérée, eût fourni au président du Conseil l'occasion de lui laver la tête... Mais puisqu'il a compris le danger et qu'il rentre sous sa tente, tant mieux pour lui. Quant à son concours, M. Gambetta n'en a pas besoin et ne le désire même pas, ne voulant avoir aucune compromission avec les quelques épaves de l'ex-Centre droit, qui croient être devenus de sincères républicains en transformant leur semblant de groupe en Centre gauche et en se qualifiant de démocrates-libéraux.

" Si M. Ribot ne comprend pas le programme du nouveau ministère, c'est que son entendement politique est bien étroit ; peut-être qu'en nous voyant à l'œuvre, il finira par se rendre compte du but que nous nous sommes proposé, et que nous atteindrons certainement sans l'appui des décavés politiques, dont il est le grand mannequin.

" MM. Allain-Targé, Rouvier et Paul Bert n'ont que faire de ses sympathies... et le président du Conseil, à qui je ferai connaître son pronostic relativement à la durée du Cabinet, ne manquera pas, sans doute, de se gaudir des prophéties intéressées de ce Centre gaucher aussi incapable que présomptueux.

" M. Ribot renonce à sa question ; il est résolu à se tenir coi ; il recule ; c'est tout ce que je voulais savoir."

Après avoir reçu cette tirade de ce systématique silencieux, à qui le dépit seul avait, sans doute, délié la langue, je me levai et me re-retirai sans mot dire, pour permettre au ministre de digérer péniblement et sans témoins le courroux que, malgré sa raillerie affectée, lui avaient inspiré les communications que je lui avais faites.

Ainsi, ce fantoche gouvernemental, ce parvenu de l'opportunisme qui ne comprenait rien, absolument rien aux affaires publiques, ce pleutre osait, du fauteuil ministériel dans lequel l'avait fait asseoir le choix inepte de Gambetta, osait, dis-je, qualifier d'incapable et de mannequin, un homme tel que M. Ribot, qui avait fait ses preuves, qui joint à une rare éloquence une expérience politique consommée, qui, dans tous les cas, n'a jamais trempé dans aucune coalition parlementaire inavouable, n'a jamais participé à aucune intrigue malpropre, n'a jamais surtout tripoté dans aucune affaire véreuse, jamais barbotté dans la caisse des fonds secrets, jamais reçu aucun pot-de-vin, et qui jouit de l'estime de tous ses collègues du Parlement...

C'était odieux ! !

*  *  *

Le lendemain, 25 novembre, M. Waldeck-Rousseau, après avoir reçu mes communications relativement à la politique générale et à la situation parlementaire, me demanda si je me trouvais en mesure de fonder un journal politico-financier hebdomadaire, dans lequel serait soutenue et défendue la politique financière du ministère opportuniste et spécialement les projets financiers de M. Allain-Targé, tels que la convention de la rente et le rachat des chemins de fer par l'Etat.

Je répondis au ministre que rien n'était plus facile que de créer un journal financier opportuniste, pourvu qu'il voulût en faire les frais sur les fonds secrets.

Voyez Allain-Targé, me dit Waldeck ; je vais prévenir le ministre des Finances de votre visite, et si, comme je l'espère, vous vous entendez avec lui, je vous ferai connaître alors dans quelle mesure je pourrai vous prêter mon concours.

J'assurai le Rousseau que je ne manquerais pas de me rendre auprès de son collègue, et qu'en attendant qu'il lui fût possible de me recevoir j'allais prendre toutes mes dispositions pour la mise en train du journal en question, dont la création ne faisait pour moi aucun doute, étant bien convaincu, après les confidences que je venais de recevoir, qu'elle avait été résolue définitivement entre les deux compères gambettistes.

Donc, le 27 novembre, après avoir reçu une lettre d'audience de la part de M. Allain-Targé, je me rendis au Palais du Louvre, où le ministre, prévenu de mon arrivée par son secrétaire particulier, M. Arthur Huc, s'empressa de me recevoir. Il était alors six heures du soir.

M. Allain-Targé m'accueillit avec la plus exquise gracieuseté, et voulut bien me tendre la main, quoique je n'eusse jamais eu jusque-là l'occasion de le rencontrer et de lui être présenté.

" Je sais, me dit-il, quel est le but de votre visite, que m'a fait connaître mon collègue M. Waldeck-Rousseau ; j'approuve complètement l'idée de créer un journal politico-financier destiné à la propagande et à la défense, dans le monde des affaires, des projets financiers et économiques du gouvernement, mais, malheureusement, je ne puis vous offrir personnellement que l'appui de mes inspirations et la collaboration de mes conceptions financières, puisque je ne dispose d'aucuns fonds secrets ; c'est pourquoi vous devrez vous adresser au ministre de l'Intérieur pour obtenir le concours pécuniaire qui vous est nécessaire.

" Bien entendu, après l'apparition de votre journal, il vous faudra venir prendre chez moi les informations et les avis dont vous aurez besoin pour mener à bonne fin la campagne ministérielle dont vous serez chargé, tout en évitant de laisser trop percer le bout de l'oreille, c'est-à-dire de trop démontrer votre rôle d'officieux gouvernemental ; mais à ce sujet je compte sur votre expérience et sur votre habileté.

" Je puis vous dire déjà, ajouta le ministre, que la question de la conversion et celle du rachat des chemins de fer par l'Etat seront bientôt agitées au Conseil, et que vous aurez à les faire défendre hautement devant l'opinion publique.

"Certainement le gouvernement agira à ce sujet avec autant de mesure que de prudence pour ne léser aucun intérêt, et surtout pour sauvegarder les intérêts démocratiques. J'ignore encore quelle est sur ces questions l'opinion de M. Raynal, mais si j'étais, comme lui, ministre des Travaux Publics, je proposerais immédiatement le rachat complet de la ligne d'Orléans, et je m'efforcerais d'obtenir des autres compagnies les garanties que réclame le pays.

"En attendant d'être bien fixé sur la polémique que vous aurez à suivre relativement à ces graves questions, vous devrez ne pas ménager les banques *monarchiques et catholiques*, et rechercher pour me les communiquer les agissements de leurs conseils d'administration. . . ."

Je reçus comme il convenait ces premières confidences et ces premières instructions de M. Allain-Targé, et je le quittai en lui promettant de venir le voir chaque fois que cela me semblerait utile et nécessaire.

Le lendemain, 28 novembre, à dix heures du matin, je vis M. Waldeck-Rousseau, à qui je rendis compte de mon entrevue avec son collègue des finances, qui n'avait certainement pas manqué de lui en communiquer tous les détails, et je l'informai que j'étais prêt, et que le journal, que j'avais résolu de nommer le *Crédit Républicain*, pourrait paraître hebdomadairement à partir du mercredi 7 décembre 1881.

Le ministre me félicita de la diligence que j'avais apportée dans mes préparatifs et mes arrangements pour la création de la nouvelle feuille opportuniste, en approuva le titre, comme répondant parfaitement au but proposé, et m'annonça qu'il m'accordait une subvention mensuelle de *mille francs*, que je trouvai, je l'avoue, excessivement maigre et très-insuffisante.

Toutefois, comme je comptais sur le concours d'un de mes amis, aussi riche que généreux, qui désirait avoir l'appui du Ministère pour obtenir une faveur spéciale, je déclarai à Waldeck que j'acceptais sa gratification et que, le jour dit, c'est-à-dire le 7 décembre, le *Crédit Républicain* verrait le jour.

N'attaquez pas trop M. Christophle, que Constans voudrait remplacer, me dit Rousseau, ne vous occupez pas de M. Magnin, que Gambetta a nommé gouverneur de la Banque de France, et surtout ne parlez que le moins possible du ministère de l'Intérieur ; j'ai de sérieuses raisons pour vous faire ces recommandations et je désire que vous les suiviez ponctuellement.

Je promis au ministre que je me conformerais à ses désirs et je le quittai en lui laissant la conviction qu'il méritait la reconnaissance de ses collègues du Cabinet par son concours à la création et à la publication d'un organe destiné à la défense exclusive de la politique financière de l'illuminé Allain-Targé, et de son maître, l'aiglon bouffi de Cahors.

Ainsi que je l'avais promis, le *Crédit Républicain* parut le mercredi 7 décembre, portant en tête de la première colonne un programme dans lequel j'indiquais en substance que le journal avait pour but d'associer la politique au crédit, et qu'il s'inspirerait de cette pensée, si souvent reproduite, du baron Louis: *Faites-nous de bonne politique, je vous ferai de bonnes finances.*

Et après avoir longuement argumenté sur cette maxime, je terminais par cette déclaration aussi ridicule qu'obligatoire:

"Quant à nous, nous sommes de ceux qui croient que la prospérité du pays est liée à la politique républicaine; et c'est en défendant cette politique que nous entendons travailler au crédit républicain et à la prospérité de la France."

Ouf!!!

Bien entendu, dans ce premier numéro, se trouvait déjà, en première page, un entrefilet *inspiré* par Waldeck-Rousseau et dans lequel étaient dénoncées les attaques du journal *Le Siècle* contre le Cabinet, et dont l'auteur faisait remonter l'instigation à M. Wilson.

Cet entrefilet, très accusateur et très sarcastique, qu'avait pour ainsi dire textuellement dicté le Ministre de l'Intérieur, se terminait par le paragraphe suivant, dont la portée ne passa pas sans être remarquée:

"M. Wilson devrait ne pas oublier que la présidence de la République n'est point héréditaire, et que, le fût-elle, les gendres, même sous la monarchie, n'étaient ni héritiers ni Dauphins..."

Comme on le voit, la campagne contre la présidence de la République commençait bien sous l'incitation du haut fonctionnaire gouvernemental, de ce membre du Cabinet qui payait deux mille francs par mois une agente spéciale chargée de surveiller et de lui rapporter aussi bien les actes de M. Grévy que les agissements de M. Wilson, son gendre.

Mais cela n'est rien à côté des polémiques violentes que me suggéra plus tard ce polichinelle ministériel contre le gendre du chef de l'Etat et le chef de l'Etat lui-même, et des mesquines intrigues dont je parlerai au cours de ce récit, qu'il fit ourdir par ses amis, dans le but de nuire à la légitime influence de ces deux puissants personnages, aussi bien dans le monde politique que dans le Parlement.

D'ailleurs, tous ceux qui ont été en rapport direct avec M. Waldeck-Rousseau pendant le temps qu'il a exercé le pouvoir, savent comme moi que chez ce pleutre, que Rochefort a publiquement et impunément qualifié de faussaire, le sens moral est aussi douteux que le physique est hypocrite, et que, de tartufe clérical qu'il était dans son enfance et dans sa jeunesse, il est devenu un tartufe politique sans aucune espèce de conscience et sans aucun discernement.

*(A suivre.)*

## L'EX-COMMUNARD X... B...

Dans les premiers jours du mois de décembre 1880, le publiciste G..., qui m'avait parlé plusieurs fois de X... B... comme d'un homme aussi besogneux que dépensier, mais très intelligent et très habile, connaissant les secrets du parti révolutionnaire, et tout disposé à se rallier à l'opportunisme, si l'on voulait y mettre le prix, me présenta ce revenant de Nouméa un beau matin, au café de Madrid, où il nous avait donné respectivement rendez-vous.

G..., muni de mes instructions, avait préparé l'ex-communard à cette entrevue, en lui en expliquant très clairement l'objet; aussi, n'eus-je point besoin de chercher de banales excuses pour motiver notre rencontre, et, après lui avoir serré la main, je lui dis simplement que j'étais venu *reconnaître* un nouvel ami politique dont j'attendais le plus utile concours.

B..., souriant alors avec une satisfaction marquée, acquiesça de la tête, et c'est ainsi, pour ainsi dire, qu'avant toute autre communication, fut conclu le pacte qui devait le lier au Gouvernement, et plus spécialement au Ministre de l'Intérieur, dont j'étais le représentant et le mandataire en cette circonstance.

Comme l'horloge du café-restaurant allait bientôt sonner midi, je crus devoir offrir à déjeûner aux deux compères qui, bien entendu, s'empressèrent d'accepter mon invitation.

Nous ne parlâmes guère que de choses insignifiantes pendant tout le temps que les fourchettes furent en action; mais, au dessert, j'abordai très carrément la question, et, après quelques phrases préparatoires, je déclarai à B... que si, comme me l'avait assuré son ami, il était décidé à rendre des services au Gouvernement, j'étais autorisé à recevoir ses propositions et à lui garantir, en retour de son dévouement, des libéralités ministérielles qui lui permettraient de sortir des embarras de sa situation.

Il me répondit alors que, tout en étant résolu à se donner au Ministère, il n'avait cependant pas encore bien réfléchi au rôle qu'il pourrait jouer, que tout ce qu'il désirait c'était de fonder un journal qui, sous une apparence révolutionnaire, ferait le jeu de l'opportunisme, mais que, d'ailleurs, il voulait, avant tout, s'entendre avec M. Constans.

Je compris ces derniers scrupules de l'ancien révolté, qui ne demandait pas mieux cependant que de se rendre; et, avant de le quitter, je lui promis de le présenter bientôt au Ministre de l'Intérieur.

Le soir même, je rendis compte à M. Constans de mon entretien avec X... B..., et le Ministre, qui avait hâte de tenir cette nouvelle recrue, dont l'acquisition lui semblait alors aussi utile au Gouvernement que nuisible au parti révolutionnaire, m'enjoignit de le lui amener le surlendemain vendredi, 10 décembre, à sept heures du soir.

Donc, le 10, à l'heure indiquée, B... et moi, nous entrions discrè-
tement dans le cabinet de M. Constans.

Cette première entrevue du revenant de Nouméa avec l'ami de
Gambetta fut très courte.

Le Ministre se borna à exprimer à X... B... la satisfaction que lui
causait son adhésion à la politique gouvernementale, en ajoutant que
j'avais tous ses pouvoirs pour arrêter avec lui les conditions sous lesquelles il pouvait le plus efficacement prêter son concours, et qu'il le
priait de me faire connaître au plus tôt ses projets, et les moyens d'action dont il pouvait disposer. Puis il le congédia, en lui serrant la main,
et en le gratifiant de son plus gracieux sourire.

Au moment où nous sortions du cabinet du Ministre, j'aperçus
M. Andrieux qui pénétrait dans l'antichambre.

Comme je ne voulais point que le Préfet de Police put reconnaître
l'ex-communard, je m'empressai de l'aborder pour distraire son attention, quoique, à cette époque, je n'eusse encore eu aucuns rapports
directs avec ce fonctionnaire.

On s'occupait beaucoup, à ce moment, de l'affaire Cissey-Kaulla,
à laquelle se trouvait un peu mêlé, assurait-on, le malin Préfet ; je
savais qu'il avait comparu la veille, ou l'avant-veille, devant la com-
mission d'enquête, et je profitai de cette circonstance pour le prier de
me fournir quelques renseignements.

M. Andrieux me dit alors qu'aucune preuve ne pourrait être four-
nie contre l'honorable général, et qu'en ce qui le concernait,
il pouvait affirmer qu'ayant fait de minutieuses perquisitions à la Préfecture de Police, il n'avait trouvé aucune pièce pouvant démontrer
que la Kaulla eût été une espionne de Bismarck.

Pendant que je recevais cette communication, X... B... avait pu
traverser l'antichambre et se rendre, sans être remarqué, dans la cour
de l'hôtel Beauvau, où je le retrouvai. Je lui dis alors que je croyais
devoir lui laisser deux jours pour bien réfléchir au plan de conduite qu'il
voulait me soumettre, et nous convînmes qu'il viendrait me le communiquer chez moi, à Passy, où je demeurais alors, le surlendemain, 12 décembre, à sept heures du soir.

Mon futur collaborateur fut exact au rendez-vous. Comme sa visite
coïncidait avec l'heure de mon dîner, il voulut bien, sur ma prière,
prendre place à ma modeste table de famille, et, après le repas, quand
ma femme et mes enfants se furent retirés, il me déclara, de nouveau,
qu'il était tout prêt à se donner au gouvernement, mais que, ne pouvant
se séparer de ses amis politiques, tous révolutionnaires, sans préparer
son passage à l'opportunisme par des transitions graduées, qui lui
éviteraient d'être qualifié de transfuge, il était bien décidé, pour le
moment, à ne rendre des services ostensibles qu'avec sa plume, tout
en me promettant des communications verbales sur les agissements des
radicaux et des intransigeants.

X... B... me pria donc d'exposer au Ministre qu'il désirait

obtenir de lui les fonds nécessaires pour la création d'un journal quotidien qui se nommerait *Le R...*, dont il serait le rédacteur en chef, et dans lequel il pourrait commencer, sans doute avec succès, le mouvement de conversion qu'il voulait exécuter vers l'opportunisme, et dans lequel il pensait pouvoir entraîner plusieurs de ses anciens coreligionnaires politiques. Il ajouta qu'il espérait qu'en attendant, M. Constans voudrait bien lui faire remettre un peu d'argent, à titre d'acompte sur ses futurs services, car il en avait grandement besoin.

Je lui promis de transmettre fidèlement notre conversation à M. le Ministre de l'Intérieur le lendemain même, et lui donnai rendez-vous au café de Suède pour le 14, c'est-à-dire pour le surlendemain, à quatre heures de l'après-midi.

M. Constans, contre mon attente, ne se montra pas éloigné de fournir à X... B... les moyens de créer l'organe politique intermédiaire dont il avait conçu l'idée et peut-être déjà préparé la voie ; mais il me déclara qu'avant de se lancer dans une entreprise qui ne pouvait pas coûter moins de dix mille francs par mois, il avait besoin de bien tenir le futur rédacteur en chef du *R...*

— J'ai les moyens, me dit-il, de dépenser jusqu'à deux cent mille francs pour soutenir un journal qui rendrait d'utiles services, dont j'aurais la direction déguisée, et auquel je pourrais, par exemple, au moment des prochaines élections, imposer une ligne de conduite de laquelle il n'aurait pas à s'écarter ; mais je dois, avant tout, prendre bien mes mesures et mettre surtout sous ma main tous ceux qui seront appelés à y collaborer.

Voyez X... B..., ajouta-t-il, et promettez-lui une très prochaine gratification s'il peut et s'il veut vous faire quelques confidences sur les desseins des Blanquistes, dont l'action révolutionnaire commence à inquiéter sérieusement le Gouvernement.

Le 14 décembre, à quatre heures, je me rendis au café de Suède, où l'ex-Nouméen ne tarda pas de me rejoindre. Je m'empressai de lui faire part de la conversation que j'avais eue la veille avec M. Constans ; mais, si X... B... parut satisfait de l'acquiescement que le Ministre se montrait disposé à donner à ses projets, relativement au *R...*, il ne put s'empêcher de me témoigner son désappointement quand je lui dis qu'en ce qui regardait la gratification demandée, je ne lui apportais qu'une promesse.

Je crois, ajoutai-je, que si vous vouliez me fournir quelques renseignements sur les agissements des Blanquistes, ce qui serait pour M. Constans une preuve de votre bon vouloir, je pourrais peut-être obtenir ce que vous désirez.

Eh bien ! soit, me répondit le malheureux renégat. Et il m'apprit alors que les principaux chefs de la bande blanquiste, Cournet, Eudes, Protot, ne cessaient de conspirer dans l'ombre pour susciter des difficultés au Gouvernement, mais que leur propagande étant à peu près stérile, il n'y avait à craindre de leur part aucun coup d'audace, ni aucune tentative pour troubler l'ordre public ; et que ce qui était à redouter, c'était peut-être un attentat contre la vie de Gambetta, dont ils étaient les ennemis implacables, et qu'ils voulaient, disait-on, absolument *supprimer*.

Comme je l'interrogeais sur l'effet produit dans le monde révolutionnaire par les révélations que le *Voltaire* venait justement de faire, relativement à la lettre que M. Rochefort avait écrite à M. Gambetta, alors qu'il était prisonnier à Versailles et quelque temps avant sa comparution devant le Conseil de guerre, X... B... me déclara que, dans les rangs du parti ultra-radical, l'on faisait des gorges chaudes de cet incident. D'après lui, le marquis renégat était généralement détesté par ses coreligionnaires politiques, qui le regardaient comme un jouisseur, un faux démocrate, avide de popularité, mais dont les convictions n'avaient ni fondement réel, ni sincérité.

Il était convaincu, d'ailleurs, que M. Rochefort avait écrit *proprio motu* la lettre trouvée parmi les papiers de l'avocat Joly, le directeur de l'*Intransigeant*, dont il avait été le collaborateur, et qu'il connaissait mieux que personne, ayant été capable de toutes les bassesses pour échapper au châtiment qui l'attendait et éviter surtout la transportation en Calédonie.

Au surplus, ce pamphlétaire, qui n'avait, selon lui, ni véritable foi politique, ni talent réel, ni sens moral, et dont la polémique violente n'avait pour but que de séduire les masses par des saillies plus ou moins spirituelles et des emportements calculés, cet aristocrate dévoyé ne devait pas être pris au sérieux par le Gouvernement, son influence étant d'ailleurs à peu près nulle sur les révolutionnaires en général et absolument sans effet sur les anciens partisans de la Commune.

Après avoir reçu ces confidences, je quittai X...B... avec la conviction qu'il détestait cordialement le rédacteur en chef de l'*Intransigeant*, et avec l'espoir de pouvoir au besoin me servir de cette haine contre cet irréconciliable ennemi de Gambetta.

Le soir même, à six heures, je transmettais à M. Constans les communications que m'avait faites le néophyte opportuniste.

Le Ministre voulut bien me dire qu'elles s'accordaient avec les notes fournies par la Préfecture de Police. Il me fit savoir que, non seulement Eudes et Cournet étaient filés par les agents de M. Andrieux, mais encore que Rochefort, ainsi que son fils, qui commençait à vouloir faire des siennes, étaient soumis à une surveillance spéciale. D'ailleurs, ajouta-t-il, il n'y a rien à redouter pour la sûreté de Gambetta, qui ne sort du palais que lorsque tout le monde a été prévenu et que les agents secrets chargés de veiller sur sa personne se trouvent à leur poste.

M. Constans, pour récompenser le bon vouloir dont X... B... venait de faire preuve, m'autorisa ce jour-là à lui fournir successivement de l'argent pour ses besoins personnels, pendant tout le temps que dureraient les négociations relatives à la création du *R....*

Donc, le 16 décembre, au café de Bade, où je lui avais donné rendez-vous, je remis cinq cents francs, à *titre d'acompte* à cet ex-transporté que le besoin obligeait de se séparer de ses anciens compagnons d'infortune.

Je dois dire que X... B... rougit et tressaillit en touchant pour la première fois des billets de banque sortant de la source *impure* des fonds secrets, et que sa main trembla, en signant le reçu de la dite somme *pour travaux littéraires*, mais, comme on le verra bientôt, il ne tarda pas de s'habituer à ce contact et de se hasarder même à réclamer les gratifications auxquelles il croyait avoir droit.

Le lendemain 17, X... B... se rendit, vers dix heures du soir, au Ministère de l'Intérieur, où M. Constans lui confirma qu'il était toujours disposé à lui donner dix mille francs par mois, à partir du 1er janvier 1881, à la condition qu'il lui présenterait, avant cette époque, un *staff* de collaborateurs offrant les garanties nécessaires pour le succès du journal en question.

Deux ou trois jours après cette entrevue, le Ministre, s'entretenant avec moi de la création du *R...*, me déclara qu'il était nécessaire que X... B... s'adjoignît un personnage quelconque, capitaliste ou non, qui eût au moins une surface apparente, et qui pût être montré comme le commanditaire du journal et le dépositaire du cautionnement obligatoire.

X... B..., à qui je communiquai cette exigence de M. Constans, se mit aussitôt en mouvement pour découvrir une personnalité possédant toutes les conditions requises et devant lui servir de garant vis-à-vis de l'opinion publique. Mais, après quelques jours de recherches inutiles, il revint, le 29 décembre, à 11 heures du soir, déclarer au Ministre qu'il n'avait pas pu trouver un commanditaire qui voulût faire les frais du cautionnement exigé par la loi.

M. Constans, que je vis le lendemain, comme à l'ordinaire, après m'avoir fait connaître l'insuccès des démarches de X... B..., me dit alors qu'il allait prier un des fils du très riche industriel M. M..., avec qui il était au mieux, de vouloir bien servir de commanditaire au futur journal, et que, s'il échouait auprès de ce jeune millionnaire, il tâcherait d'obtenir du Ministre des Finances que le *R...* pût paraître sans que le cautionnement eût été versé.

Mais, quelques jours après, le Ministre voulait bien me faire savoir que M. M... fils avait refusé d'entrer dans l'affaire, et que M. Magnin lui avait déclaré, non seulement que le journal ne pourrait pas paraître sans le versement *effectif* du cautionnement, mais encore qu'il ne consentirait pas à accepter ce dépôt obligatoire, s'il venait d'un de ses collègues du Cabinet.

Je relate ces divers incidents, tels que je les trouve portés sur mes notes et tels qu'ils m'ont été communiqués par M. Constans ; mais je ne puis en garantir l'authenticité.

Seuls, l'honorable M. Magnin, actuellement gouverneur de la Banque de France, et M. M... fils, pourraient fournir, à leur sujet, les éclaircissements nécessaires. Tout ce que je puis affirmer, c'est qu'en présence de ces difficultés, réelles ou imaginaires, M. Constans renonça à la création du journal projeté.

C'est ainsi que mourut le *R*... avant d'avoir vu le jour.

Bien entendu, je continuai d'alimenter X... B... avec les fonds secrets, tant que durèrent ces négociations, et je dois dire qu'avec lui les libéralités du Ministre ne furent jamais perdues, car non seulement cet ex-communard me fit souvent des communications importantes sur les agissements des partis révolutionnaires, mais encore, ainsi qu'on va le voir dans les chapitres suivants, il remplit plus tard des missions politiques ou autres, qui lui permirent de se rendre très utile au Gouvernement.

*(A suivre.)*

## L'EX-POLICIER ANDRIEUX

Le 5 mars 1879, l'*Officiel* surprenait le monde politique et parlementaire, en publiant un décret aux termes duquel M. Louis Andrieux était nommé Préfet de Police, en remplacement de M. Albert Gigot.

L'orgueilleux député du Rhône déclare, dans ses *Souvenirs*, que M. Lepère ne fut pour rien dans sa nomination, mais ce n'est là, de sa part, qu'une audacieuse effronterie, car je puis affirmer hautement que M. Waddington n'offrit la Préfecture de Police à ce républicain fantaisiste et gouailleur, qu'après avoir consulté, à diverses reprises, l'honorable Ministre de l'Intérieur et avoir reçu son assentiment.

Ce triple renégat, car il a renié le radicalisme, dont il s'est d'abord fait un piédestal, pour entrer au Parlement ; il a renié la Franc-maçonnerie, à laquelle il doit sa fortune politique ; et il a renié l'opportunisme, qui lui a octroyé, deux années durant, un palais, cinquante mille francs d'appointements fixes, et la disposition de six cent mille francs de fonds secrets ; ce triple renégat, dis-je, affecte d'ailleurs, dans le cours de ses indiscrétions administratives, de proclamer, avec son outrecuidance habituelle, qu'il fut toujours l'adversaire des Ministres de l'Intérieur, ses *prétendus chefs*, et qu'il ne fut jamais, pour eux, un subordonné.

Or, j'atteste que si M. Andrieux abusa souvent de l'excessive bonté de l'excellent M. Lepère, pour lui imposer ses idées personnelles et obtenir de lui l'approbation de vexations maladroites, de persécutions inutiles, de mesures policières qui froissèrent souvent, soit le Conseil municipal, soit la population parisienne toute entière, il ne put agir de même à l'égard de M. Constans qui sut, je dois le reconnaître, le tenir toujours à la distance obligatoire, lui imposer sa volonté, et le faire obéir ; et cela notamment à l'occasion de l'exécution des décrets.

J'ajoute que, s'il est vrai que le Préfet de Police donna sa démission, à la suite, non pas d'un conflit, mais de plusieurs conflits avec le Ministre de l'Intérieur, cette démission ne fut pas précisément volontaire, et qu'elle lui fut à peu près imposée, à la suite de circonstances que je vais faire connaître au lecteur.

M. Andrieux, tout Préfet de Police qu'il était, ne s'est jamais douté que j'avais reçu de MM. Lepère et Constans la mission de faire surveiller son administration personnelle et ses agissements, voire sa vie privée, et c'est en le faisant *filer* par ordre, et en me renseignant moi-même auprès des diverses personnalités officielles ou autres, avec lesquelles il a été en rapport depuis 1870, que j'ai pu recueillir, sur ses faits et gestes, des notes inédites que je livre aujourd'hui à la publicité, en même temps que certaines particularités peu connues sur son administration policière.

* * *

Personne n'ignore qu'au moral, M. Andrieux est un sceptique et un indépendant sans principes fixes ni bien définis, et qu'en politique, semblable à une girouette qui cède à tous les vents, il sera toujours prêt à se rallier à toute fraction gouvernementale qui se trouverait disposée à le faire mordre au gâteau du pouvoir.

Le lecteur sera encore mieux éclairé par les faits que je vais relater, sur cette nature étrange, aussi ambitieuse que passionnée, aussi tracassière que vindicative, qui est dominée par un incommensurable orgueil.

Sous le 16 Mai, le sieur Andrieux, qui n'avait encore eté i préfet, ni ambassadeur, et qui, loin d'être anti-opportuniste, s'était au contraire, comme tant d'autres, mis à la queue de Gambetta, Andrieux, dis-je, n'avait pas manqué de tâter le terrain et de s'exercer à de petites intrigues politiques pour plaire à celui qu'on regardait alors, avec raison, comme le chef du parti républicain.

On sait qu'après la retraite de M. de Fourtou, M. Welche fut appelé au Ministère de l'Intérieur pour présider à l'effondrement de la ridicule et téméraire échauffourée que les conservateurs, sans concert préalable, sans moyens sérieux, sans résolutions bien arrêtées, avaient tentée avec la complicité du Maréchal, pour imposer définitivement à la nation une politique réactionnaire.

Les républicains craignaient que le nouveau Ministre, en présence de l'opposition parlementaire, ne recourut à une seconde dissolution. Gambetta se montrait surtout effrayé des conséquences que pourrait avoir pour l'avenir de la démocratie, en raison des circonstances du moment, un semblable coup d'Etat. Aussi avait-il à cœur d'être fixé sur les intentions du gouvernement.

M. Andrieux s'offrit alors pour lui servir de Terre-Neuve.

Le futur Préfet de Police avait connu M. Welche, à Lyon, quand celui-ci était Préfet du Rhône ; il avait même eu avec lui des rapports assez suivis, je dirai presque assez intimes, puisque, dans diverses occasions, il lui avait prêté son concours pour faire au Conseil municipal le jeu de l'*administration* contre les radicaux.

Sachant que l'ex-Préfet lui en avait gardé une certaine gratitude, il résolut d'aller le voir et d'obtenir de lui qu'il voulût bien recevoir Gambetta.

M. Welche accueillit sa démarche avec faveur, et, poussé par un sentiment naturel de curiosité, il consentit à avoir une entrevue avec le chef de l'opposition républicaine ; mais comme il désirait qu'elle fût absolument secrète, et qu'elle n'eût, partant, pas lieu à l'hôtel Beauvau, il fut décidé qu'il rencontrerait Gambetta, le soir, chez M. Andrieux lui-même, rue d'Amsterdam, 67.

C'est là, en effet, que les deux hommes d'Etat eurent une assez longue conférence, au cours de laquelle furent agitées les plus graves questions, et que je pourrais reproduire, puisque je l'ai toute entière sous les yeux au moment où j'écris, si je n'étais tenu à une discrétion absolue vis-à-vis de l'honorable ancien Ministre de l'Intérieur.

Je dois donc me borner à affirmer que cette conférence eut lieu, en mettant l'ex-policier Andrieux au défi de me démentir.

* * *

Le 28 juin, M. Andrieux fit saisir le journal la *Lanterne* qui, après une série d'attaques malveillantes contre la Préfecture de Police, avait publié la fausse nouvelle de l'arrestation de Mlle Bernage.

Ainsi qu'il le raconte dans ses *Souvenirs*, le Préfet n'avait pas consulté le Ministre de l'Intérieur, avant de faire exécuter par ses agents cette mesure de rigueur qui fut alors qualifiée d'attentat contre la liberté de la presse.

Le lendemain, 29 juin, M. Lepère voulut bien me dire que M. Andrieux n'avait pas le droit de faire saisir le journal sans l'en prévenir, et qu'il lui en avait hautement témoigné son mécontentement et sa désapprobation.

Cet homme, ajouta-t-il, est un fonctionnaire trop autoritaire, un insubordonné dont les procédés commencent à me lasser. Il est, je le sais, le protégé de M. Waddington et le favori de l'Elysée, mais tant va la cruche à l'eau qu'à la fin *elle se casse*, et il pourrait bien, en cette circonstance, jouer sa préfecture. Je serai, ajouta-t-il, très probablement interpellé à ce sujet, mais je ne suivrai pas l'exemple de M. de Marcère, et, puisque le Préfet est député, je le laisserai se défendre lui-même à la tribune du Parlement.

On sait qu'en effet, une interpellation fut déposée et discutée le 1er juillet, et qu'à la suite des explications fournies par M. Andrieux, l'ordre du jour pur et simple fut voté à une grande majorité.

Ce vote amnistiait nécessairement le Préfet de Police. M. Lepère s'en montra heureux, non pas qu'il tînt le moins du monde au maintien de l'irascible fonctionnaire, mais parce que ce résultat couvrait un acte aussi violent qu'impolitique qui aurait pu mettre en péril l'existence même du Cabinet.

*(A suivre.)*